maravilhas do Brasil

wonders of Brazil

Todos os direitos desta edição foram cedidos à
Escrituras Editora e Distribuidora de Livros Ltda.
Rua Maestro Callia, 123 – Vila Mariana
CEP 04012-100 – São Paulo / SP
Tel.; (11) 5082-4190 – escrituras@escrituras.com.br
http://www.escrituras.com.br

Dados Internacionais de Catalogação na Publicação (CIP)
(Câmara Brasileira do Livro, SP, Brasil)

Silva, Silvestre
    Maravilhas do Brasil: frutas = Wonders of Brazil: fruits /
fotógrafo Silvestre Silva; [editor / editor Raimundo Gadelha;
coordenação editorial / editorial coordinator Helena M.
Uehara; tradução / translation Douglas V. Smith]. São Paulo:
Escrituras Editora, 2006. (Maravilhas do Brasil)

    Bibliografia.
    ISBN 85 7531 207 3
    1. Frutas Brasil 2. Frutas Brasil Fotografias I. Gadelha,
Raimundo. II. Uehara, Helena M. III. Smith, Douglas. IV.
Título. V. Série.

06 1125   CDD 778.9434

Índice para catálogo sistemático:

1. Frutas brasileiras: Fotografias   778.9434

EDITOR
Raimundo Gadelha

COORDENAÇÃO EDITORIAL
Helena M. Uehara

PROJETO GRÁFICO E
EDITORAÇÃO ELETRÔNICA
Vaner Alaimo

DIGITALIZAÇÃO
Refinaria da Imagem

TRATAMENTO DE IMAGEM
Vaner Alaimo

FECHAMENTO DE ARQUIVOS
Vera Andrade
Elisa M. B. Torres

TRADUÇÃO
Douglas V. Smith

REVISÃO
Denise Pasito Saú

IMPRESSÃO
Lis Gráfica

Impresso no Brasil
Printed in Brazil

Silvestre Silva

maravilhas do Brasil
wonders of Brazil

Frutas Fruits

escrituras

São Paulo, Brasil – 2006

"Maravilhas do Brasil – Frutas, terceiro volume da coleção, traz uma significativa amostra da infindável variedade de frutas do nosso país. São mais de uma centena de espécies registradas por Silvestre Silva, reconhecidamente o mais talentoso fotógrafo do gênero.

Somente na Amazônia, temos mais de 200 tipos de frutas nativas. Muitas delas, apreciadas apenas por índios e populações locais. No cerrado, outras tantas típicas ou ainda desconhecidas pela maior parte dos brasileiros. De todas as regiões, cores, cheiros, texturas e sabores que nos remetem à infância e fazem a festa do nosso paladar.

Em todas as páginas deste *Maravilhas do Brasil – Frutas*, encantadoras imagens para nos dar água na boca e encher os olhos.

Os editores

"Wonders of Brazil – Fruits, *the third volume in this series, presents a significant sampling of the endless variety of Brazilian fruits. More than one hundred species are recorded by Silvestre Silva, who is recognized as the most talented photographer in this field.*

In the Amazon, alone, there are over 200 types of native fruits. Many of them are enjoyed only by local and indigenous inhabitants. In the savannah, there are many other typical fruits, or even those which are unfamiliar to most Brazilians. From every region, color, aroma, texture and flavor, they take us back to our childhood and delight our sense of taste.

Every page of Wonders of Brazil – Fruits *offers marvelous mouthwatering and eye-catching images.*

The editors

Introdução

Ao pisar pela primeira vez terras brasileiras, onde – hoje sabemos – concentra-se a maior biodiversidade vegetal do mundo, os portugueses perceberam, lá pelos idos de 1500, que "aqui, em se plantando tudo dá". Mas, mesmo encantados com o que viam e experimentavam, ainda não sabiam do melhor da história: descobriram a terra com a maior variedade mundial de frutas nativas. E aprenderam, com os índios, técnicas de cultivo utilizadas até hoje.

Somente na região amazônica, existem mais de 200 espécies de frutas comestíveis. Mas, na verdade, o número exato ainda é um desafio para os botânicos e estudiosos de nossas frutas. Sabe-se que na maior floresta tropical do mundo, com suas constantes chuvas e umidade, há sempre mais uma fruta a ser descoberta.

São frutas de todas as formas e cores, para todos os paladares. O açaí, por exemplo, é consumido em todas as regiões, especialmente em Belém do Pará. Mas há outras delícias amazônicas que merecem destaque, como o bacuri, o buriti, o camu-camu – mais rica em vitamina C do que a acerola – o araçá-boi, o cupuaçu, o marimari, o guaraná, o pajurá, o maracujá-do-mato.

O cerrado também é região produtora de dezenas de frutas nativas no Brasil. E a espécie mais representativa desse ecossistema é o pequi, que se tornou árvore símbolo da resistência contra a destruição dos cerrados na cultura extensiva de grãos. Lá, a gabiroba é fator de agregação entre as famílias. Unidas, elas vão para os campos na época da safra, à procura das moitas de frutas doces e refrescantes. E os habitantes locais esperam, após as chuvas de verão, a chegada de outras delícias, como o araticum-do-cerrado, a mama-cadela, a fruta-de-lobo, o murici, a macaúba e o buriti.

Na Mata Atlântica, com seus mais de sete mil quilômetros em linha reta, encontramos muitas de nossas frutas nativas, como palmito-juçara, butiá, cambuci, cambucá, chichá, vários araçás, caraguatá, uvaia, sapucaia e maracujá. Na sua porção nordestina, concentram-se o caju, a mangaba, o cajá, a pitomba, a pitanga, o jenipapo. E na caatinga, estão o juá, o umbu, o mandacaru, o araticum e o murici, entre outras.

Das frutas introduzidas, o coqueiro faz parte do cenário do litoral brasileiro. No Nordeste, não há praia sem suas sombras. E a tão preciosa água-de-coco já está incorporada aos hábitos da população. Mas a jaca, o jambo, a fruta-pão e o sapoti também se adaptaram muito bem nessa região. A manga, que veio da Índia, hoje está em todo o País.

O Vale do Rio Açu, no Rio Grande do Norte, é o maior produtor e exportador de melões do Brasil. Ao mesmo tempo, em pleno semi-árido brasileiro, modernas técnicas de irrigação e de reprodução de frutas transformaram as terras irrigadas pelas águas do Rio São Francisco num imenso pomar.

Bahia e Espírito Santo são os principais produtores de mamão papaya do País. Já a maçã, que só se desenvolve em clima muito frio, ocupa os Estados de Santa Catarina e Rio Grande do Sul.

O Estado de São Paulo, líder absoluto em plantio, comercialização e exportação de laranjas, coloca o Brasil em destaque no mercado internacional, como o maior exportador mundial de suco de laranja. As cidades que vão de Jundiaí a Campinas formam o Circuito das Frutas. São mais de 100 quilômetros de áreas produtoras de uva, caqui, pêssego, figo, nectarina, goiaba, nêspera, entre outras espécies.

A jabuticabeira que produz frutas grudadinhas até nas raízes, as dezenas de receitas preparadas com cupuaçu e o "vinho do açaí" são apenas alguns exemplos deste nosso colorido e saboroso universo. Esmiuçado pelos índios, adotado pelos nossos descobridores, descrito em verso, prosa e imagens pelos primeiros viajantes que por estas terras andaram (Debret, Saint Hilaire, Humboldt, Martius), amado por turistas e por nós que nesta terra nascemos e vivemos, apresentamos a todos com muito orgulho, *Maravilhas do Brasil - Frutas*.

Introduction

When they first set foot on Brazilian soil, where – we now know – the largest vegetable biodiversity in the world exists, the Portuguese noticed, sometime around the year 1500, that "here, just cast the seed and it grows." But, although amazed by what they saw and experienced, they still didn't know the best part of the story: they had discovered a land with the world's biggest variety of native fruits. And the Indians taught them the techniques for cultivating the fruits, that continue to be used today.

There are over 200 species of edible fruits in the Amazon region alone. But, actually, the exact number is still challenging botanists and scholars who study Brazilian fruits. It is known that the largest tropical rain forest in the world, with its constant rain and humidity, always has on more unknown fruit to be discovered.

There are fruits of all shapes and colors and for all tastes. Açaí, for example, is eaten in all regions, especially in Belém, Pará. But there are other Amazon taste treats that should be highlighted, like bacuri, burity, and camu-camu – richer in vitamin C than acerola – araçá-boi, cupuaçu, marimari, guaraná, pajurá, and maracujá-do-mato.

The savannah region also produces dozens of native Brazilian fruits. And the species that best represents this ecosystem is the pequi, which has become the symbol of the fight against the destruction of the savannahs in order to plant extensive grain fields. That's where the gabiroba is a unifying factor for families. They go to the fields together at harvest time, looking for verdant corners with sweet and refreshing fruits. And, after the summer rains, local residents await the arrival of other taste treats, like the araticum-do-cerrado, mama-cadela, fruta-de-lobo, murici, macaúba, and burity.

In the Atlantic Rain Forest, over seven thousand kilometers in length, we find many of Brazil's native fruits, like palmito-juçara, butiá, cambuci, cambucá, chichá, several types of araçá, caraguatá, uvaia, sapucaia, and maracujá (passion fruit).

In the Northeast, are the cashew, mangaba, cajá, pitomba, pitanga, and jenipapo. And in the desert-like caatinga, are the juá, umbu, mandacaru, araticum, and murici, among others.

Of the fruits that migrated to Brazil, the coconut palm is the most common sight along the coast. In the Northeast, every beach enjoys its shade. And drinking precious coconut water has become a local custom. But the jaca, jambo, bread fruit, and sapoti have also adapted well to the region. The mango, which came from India, has spread all over the country.

The Açu River Valley, in the State of Rio Grande do Norte, is Brazil's biggest producer and exporter of melons. At the same time, in the country's semi-arid region, modern irrigation and fruit reproduction techniques have transformed the lands watered by the São Francisco River into an immense orchard.

Bahia and Espírito Santo are the country's main papaya producers. On the other hand, apples, which need a cold climate, are found in the States of Santa Catarina and Rio Grande do Sul.

The State of São Paulo is the number-one planter, seller and exporter of oranges, and gives Brazil an outstanding ranking on the international market, as the world's biggest exporter of orange juice. The cities found between Jundiaí and Campinas form the Fruit Circuit. There are over 100 kilometers of areas that produce grapes, persimmons, peaches, figs, nectarines, guavas, loquats, and others.

The jaboticaba tree (whose fruit grows even on its roots), the dozens of recipes prepared with the cupuaçu, and "açaí wine" are just a few examples of our colorful and flavorful land. Investigated by the Indians, adopted by Brazil's discoverers, described in verse, prose, and images by the first travelers to wander this land (Debret, Saint Hilaire, Humboldt, Martius), loved by tourists and by we who were born to this land and live here, we proudly present to everyone Wonders of Brazil - Fruits.

maravilhas do Brasil

wonders of Brazil

Fruta-pão / *Bread fruit*

Nome científico: *Artocarpus altilis* (Parkinson) Fosberg
Família botânica: Moraceae

A fruta-pão, originária das ilhas Java e Sumatra, pode ser consumida cozida com água e sal, como a nossa tradicional mandioca. Da fruta-pão-de-caroço, outra variedade, comem-se as sementes (amêndoas) torradas.

Scientific name: Artocarpus altilis *(Parkinson) Fosberg*
Botanical family: Moraceae

Bread fruit is from the islands of Java and Sumatra and can be eaten by cooking in water and salt, like Brazil's traditional manioc. Only the roasted seeds (nuts) are eaten of another variety, the fruta-pão-de-caroço.

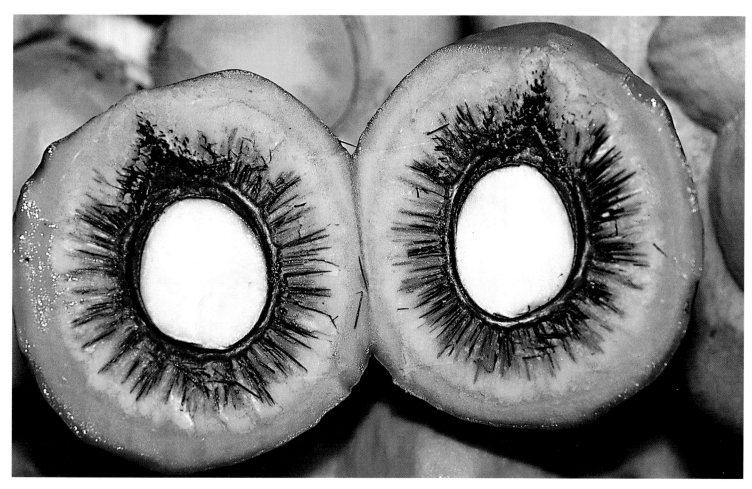

Pequi

Nome científico: *Caryocar brasiliense* Cambess.
Família botânica: Caryocaceae

A mais famosa fruta do cerrado brasileiro é preparada com arroz, com galinha ou com feijão. Seu uso na culinária, porém, requer cuidado com os seus espinhos internos e pontiagudos. Sua frutificação se dá nos meses de novembro a fevereiro.

Scientific name: Caryocar brasiliense *Cambess.*
Botanical family: Caryocaceae

The most famous fruit of the Brazilian savannahs is prepared with rice, chicken, or beans. However, its culinary use requires special care with its internal sharp spines. It bears fruit from November to February.

Caju / Cashew

Nome científico: *Anacardium occidentale* L.
Família botânica: Anacardiacea

A mais brasileira de todas as frutas, pelo cheiro, por versatilidade de uso, por sua importância comercial e social, por estar presente em todos os Estados do Norte e Nordeste do Brasil. Nos sertões iluminados, nas costas litorâneas, nas matas e florestas, lá está o cajueiro a produzir esta fruta tão bela e especial.

Scientific name: Anacardium occidentale *L.*
Botanical family: Anacardiacea

The most Brazilian of all of the fruits – for its smell, versatility, commercial and social importance – is present in all of Brazil's North and Northeast States. In the sunny backlands, on the coast, in the fields and forests the cashew tree produces this beautiful and special fruit.

A castanha de caju, conhecida mundialmente, é o verdadeiro fruto do caju. Vem do pedúnculo que pode ser redondo, alongado, oval e de coloração vermelha, amarela ou rósea.

The cashew nut is known all over the world and is the true cashew fruit. It comes attached to a peduncle which can be round, elongated, or oval, and colored red, yellow or pink.

Caraguatá

Nome científico:
Bromelia antiacantha Bertol.
Família botânica: Bromeliaceae

Planta da família do abacaxi, encontra-se dispersa nas Regiões Sul e Sudeste do Brasil, da Mata Atlântica aos cerrados. O caraguatá se propaga em grandes touceiras, cresce em solos úmidos de restingas e nas matas em regeneração. É muito utilizado na medicina popular.

Scientific name: Bromelia antiacantha Bertol.
Botanical family: Bromeliaceae

This plant from the pineapple family is found throughout the South and Southeast of Brazil, from the Atlantic Rain Forest to the savannahs. The caraguatá propagates itself in large clumps, grows in the humid soil salt marshes and among new vegetation. It is extensively used in folk medicines.

Butiá

Nome científico: *Butia capitata* (Mart.) Becc.
Família botânica: Arecaceae

Nativa da América do Sul, ocorre, naturalmente, no sul do Brasil. É uma palmeira que cresce até 8 m de altura e é muito encorpada. Seu fruto, o coquinho, é muito apreciado para infusão em cachaça, licores e doces.

Scientific name: Butia capitata (Mart.) Becc.
Botanical family: Arecaceae

This South American native palm grows naturally in the south of Brazil. It can grow as tall as 8 meters and is very thick. Its fruit – the small coconut – is popular for brewing in sugarcane spirits, liqueurs and sweets.

Cambuci

Nome científico: *Campomanesia phaea* (O. Berg.) Landrum
Família botânica: Myrtaceae

Fruta de formato único e que, mesmo madura, mantém a cor verde. Nasce de uma frondosa árvore com até 10 m de altura. De tão importante, esta fruta deu nome ao famoso bairro paulistano: Cambuci. Ali, diz a história, havia matas com esta fruta em abundância. Atualmente, a espécie está restrita à área da Mata Atlântica paulista.

Scientific name: Campomanesia phaea (O. Berg.) Landrum
Botanical family: Myrtaceae

The fruit has a unique shape and even when ripe it maintains its green color. It comes from a leafy tree that is 10 meters tall. It is so important that a famous São Paulo district is named after it. History says the local woods abounded with this fruit. Now, the species is restricted to the Atlantic Rain Forest.

Dendê

Nome científico: *Elaeis guineensis* Jacq.
Família botânica: Arecaceae (Palmae)

Esta palmeira, oriunda da Costa Ocidental da África, foi trazida no
século XVII pelos escravos. Pode ser encontrada na Bahia e no Pará, onde é maior a sua incidência. Seu óleo é
transformado em gordura vegetal de grande e diversificado consumo nos setores alimentício, medicinal,
oleoquímico e industrial.

Scientific name: Elaeis guineensis Jacq.
Botanical family: Arecaceae (Palmae)

Originally from the west coast of Africa, this palm tree was brought to Brazil in the 17th century by slaves. It is most common in the States of Bahia and Pará. Dendê oil is used in a broad variety of ways in the food, medicine, chemical and industrial areas.

Cubiu

Nome científico: *Sicana odorifera* (Vell.) Naudin
Família botânica: Solanaceae

Fruta originária da Amazônia Ocidental, o cubiu nasce de um arbusto com até 2 m de altura. Quando cultivada, é produzida o ano todo. Sua polpa é muito utilizada em doces, geléias, sorvetes e também consumida ao natural.

Scientific name: Sicana odorifera (Vell.) Naudin
Botanical family: Solanaceae

This western Amazon native grows on a bush that reaches a height of two meters. When cultivated, it produces all year long. The pulp is widely used in sweets, jellies, and ice cream, and is also eaten in natura.

Abacate / *Avocado*

Nome científico: *Persea americana* Mill.
Família botânica: Lauraceae

O abacate é originário da América tropical. É uma das frutas que mais se adaptaram ao solo brasileiro. Sua árvore é freqüentemente encontrada em locais públicos como praças, jardins e avenidas, além de quintais e pomares. Sua polpa cremosa é utilizada tanto em doces como em pratos salgados.

Scientific name: Persea americana Mill.
Botanical family: Lauraceae

The avocado is originally from the American Tropics and is one of the fruits that has best adapted to Brazilian soil. Its tree is often found in public places, like plazas, gardens and avenues, plus yards and orchards. Its creamy pulp is used in both sweet and salty foods.

Sapoti

Nome científico: *Manilkara zapota* (L.) P. Royen
Família botânica: Sapotaceae

Tem sua origem na América Central e no México. Desde tempos imemoriais já era apreciada pelos Maias e Astecas.
No Brasil, é comum nos Estados das Regiões Norte e Nordeste.
O látex do tronco do sapotizeiro é usado na fabricação de gomas de mascar.

Scientific name: Manilkara zapota (L.) P. Royen
Botanical family: Sapotaceae

Its origin is in Central America and Mexico. Since ancient times it was enjoyed by the Mayas and Aztecs. In Brazil, it is common in the States of the North and Northeast. The latex taken from the trunk of the tree is used to make chewing gum.

Jambo-vermelho

Nome científico: *Syzygium malaccense* (L.) Merr. & L. M. Perry
Família botânica: Myrtaceae

Os jambos-vermelhos e rosas são os mais populares no Brasil. Sua árvore pode ser encontrada nos quintais, jardins, pomares, ruas, avenidas e praças do País. Com flores vistosas, produzem frutas para consumo *in natura*, compotas, doces e geléias.

Scientific name: Syzygium malaccense *(L.) Merr. & L. M. Perry*
Botanical family: Myrtaceae

The red and pink Malay apples are the most popular fruits in Brazil. The trees can be found in yards, gardens, orchards, along streets and avenues, and on public squares all over the country. Its colorful flowers produce fruit that can be eaten in natura, in jams, sweets and jellies.

Araçá-Boi

Nome científico: *Eugenia stipitata* Mc Vaugh
Família botânica: Myrtaceae

É originário da Amazônia peruana. Seu arbusto chega a atingir, no máximo, até 3 m. Sua fruta tem o tamanho aproximado de uma laranja e pesa em média 350 g.

Scientific name: Eugenia stipitata Mc Vaugh
Botanical family: Myrtaceae

Originating in the Peruvian Amazon, this bush grows to a maximum height of 3 meters. Its fruit is about the size of an orange and weighs an average of 350 grams.

Kiwi

Nome científico:
Actinidia chinensis Planch.
Família botânica:
Actinidiaceae

Planta trepadeira, de
origem chinesa, com
folhas grandes e vistosas.
O kiwi é produzido quase
o ano todo em regiões
montanhosas e de clima
frio, como Campos do
Jordão, São Paulo e sul
do Estado de Minas
Gerais.

Scientific name: Actinidia
chinensis *Planch.*
Botanical family:
Actinidiaceae

This climbing plant,
originally from China, has
large, full leaves. The kiwi
produces fruit almost year
round in mountainous
regions, with a cold
climate, like Campos do
Jordão, in São Paulo, and
the south of the State of
Minas Gerais.

Cupuaçu

Nome científico: Theobroma grandiflorum (Will. Ex Spreng.) K. Schum.
Família botânica:
Sterculiaceae

A pista para encontrar o cupuaçu durante a safra na Floresta Amazônica é seguir seu cheiro inconfundível. Cada fruta chega a pesar até 3 kg e suas sementes podem ser aproveitadas para o chocolate de cupuaçu.

Scientific name:
Theobroma grandiflorum
(Will. Ex Spreng.) K.
Schum.
Botanical family:
Sterculiaceae

The clue for finding the cupuaçu *during its harvest in the Amazon Rain Forest is to follow its unmistakable smell. Each fruit can weigh as much as 3 kg and can be used for chocolate.*

Açaí

Nome científico: *Euterpe oleracea* Mart.
Família botânica: Arecaceae (Palmae)

Palmeira com até 25 m de altura e que forma touceiras como a bananeira. O açaí é uma fruta típica de toda a região amazônica, sendo o Estado do Pará seu maior produtor e consumidor. Com ela, produz-se o "vinho de açaí", que é um suco grosso, pastoso, muito consumido pelas populações amazonenses e, atualmente, difundido em todo o território nacional.

Scientific name: Euterpe oleracea Mart.
Botanical family: Arecaceae (Palmae)

The açaí palm tree grows to as tall as 25 meters and forms clumps, like the banana tree. Açaí is a typical fruit of the entire Amazon region, and the State of Pará is the biggest producer and consumer. It can be used to produce "açaí wine", which is a thick, viscous juice drunk by Amazon residents and, now, promoted all over the country.

Acerola

Nome científico: *Malpighia glabra* L.
Família botânica: Malpighiaceae

Veio da América Central primeiro para o Estado de Pernambuco e em seguida espalhou-se por todo o Brasil. Esta frutinha vermelho-alaranjada é riquíssima em vitamina C e tem a grande vantagem de ser produzida durante quase o ano todo.

Scientific name: Malpighia glabra *L.*
Botanical family: Malpighiaceae

It came from Central America, first, to the State of Pernambuco, and then spread all over Brazil. This small reddish-orange fruit is rich in vitamin C and has the big advantage that it can be produced almost year-round.

Araçá

Nome científico: *Psidium humile* Vell.
Família botânica: Myrtaceae

É uma pequena fruta muito doce, porém difícil de se encontrar por ser nativa das matas e capoeiras das Regiões Sul e Sudeste do Brasil. Sua intensa frutificação ocorre de janeiro a março.

Scientific name: Psidium humile *Vell.*
Botanical family: Myrtaceae

This small and very sweet fruit is hard to find, because it is native to the woods and second growth areas in Brazil's South and Southeast regions. Its heavy fruitbearing season runs from January to March.

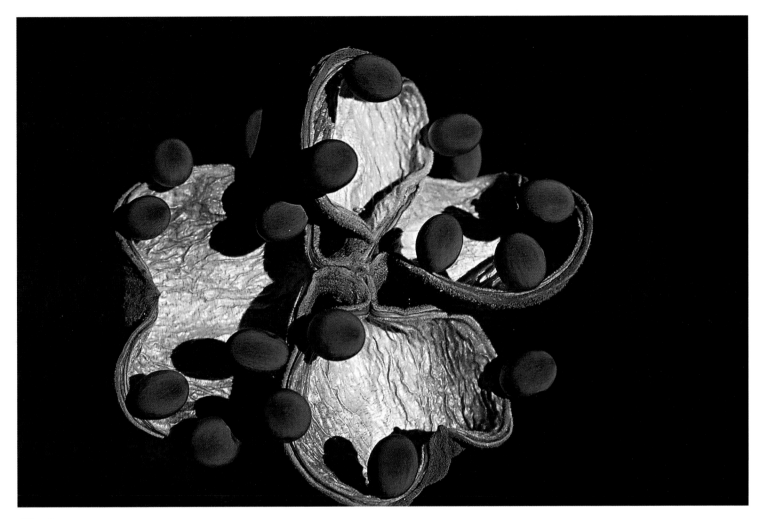

Chichá

Nome científico: *Sterculia chicha* A. St. Hil. ex Turpin
Família botânica: Sterculiaceae

Das sombras, da umidade das terras da Mata Atlântica brota o chichá, que pode atingir 40 m de altura. Seu ouriço parece uma obra de arte, expondo as amêndoas que também servem de alimentos para aves e pequenos animais.

Scientific name: Sterculia chicha A. St. Hil. ex Turpin
Botanical family: Sterculiaceae

Out of the shade, dampness of the Atlantic Rain Forest the chichá may grow as tall as 40 meters. Its fruit looks like a work of art in presenting its nuts, which are also eaten by birds and small animals.

Laranja / *Orange*

Nome científico: *Citrus sinensis* (L.) Osbeck
Família botânica:
Rutaceae

Do sudeste da Ásia para todos os continentes, a laranja é uma das frutas mais populares e difundidas do mundo. No Brasil, em 1540, já se tem notícias de laranjais na Bahia e no litoral brasileiro. Atualmente, o País é o maior produtor e exportador de sucos de laranja do planeta.

Scientific name: Citrus sinensis *(L.) Osbeck*
Botanical family: Rutaceae

The orange came out of Southeast Asia and spread to all of the continents. It is one of the world's most popular and widespread fruits. There are records of orange orchards in Brazil, already in 1540, in Bahia and along the nation's coast. The country is currently the biggest producer and exporter of orange juice in the world.

Coco / Coconut

Nome científico: *Cocos nucifera* L.
Família botânica: Palmae

Veio da Ásia e se espalhou por todo o litoral brasileiro, especialmente na Região Nordeste. É uma das frutas mais comercializadas no Brasil, principalmente por sua água saborosa e saudável, um isotônico natural rico em sais minerais.

Scientific name: Cocos nucifera L.
Botanical family: Palmae

This fruit came from Asia and spread all along the coast of Brazil, especially in the Northeast region. It is one of the most commonly sold fruits in Brazil, mainly for its savory and healthy water, which is a natural mineral-rich isotonic.

O coco, além da água-de-coco, nos fornece alimento e óleo de cozinha. Das suas folhas extrai-se matéria-prima para artesanato, telhados de palhas, fibras para cordas, tapetes e redes. Da sua casca são confeccionados sacarias, cortiça isolante, escovas, pincéis, acolchoados para automóveis, vestuário e xaxim.

Besides its coconut water, the fruit provides us with food and cooking oil. From its leaves is extracted the raw material for handcrafts, thatched roofs, fibers for ropes, rugs and hammocks. From its bark, bags are made, as well as insulating cork, brushes, paint brushes, automobile interiors, clothing, and natural flower pots.

Macaúba

Nome científico: *Acrocomia aculeata* (Jacq.) Lood. ex Mart.
Família botânica: Palmae

É uma das mais belas palmeiras do Sudeste e Centro-Oeste do Brasil, chegando a até 15 m de altura. Os seus frutos contêm uma amêndoa oleaginosa, largamente utilizada na indústria alimentícia e saponácea. A casca de seu coco – que lembra um osso – é aproveitada na confecção de abotoaduras, colares, brincos e anéis.

Scientific name: Acrocomia aculeata (Jacq.) Lood. ex Mart.
Botanical family: Palmae

This is one of the most impressive palm trees in the Southeast and Midwest of Brazil, reaching a height of as much as 15 meters. Its fruit contains an oily nut that is widely used in the food and soap industries. The shell of the coconut – that looks like bone – is used to make buttons, necklaces, earrings, and rings.

Pinhão / *Pinion*

Nome científico: *Araucaria angustifolia* (Bertol.) Kuntze
Família botânica: Araucariaceae

Várias são suas denominações: pinhão, araucária ou pinheiro-do-paraná. De tão importante, esta espécie é hoje protegida por lei. Sua frutificação ocorre nos meses de inverno, sendo muito consumida nas festas juninas no Sul e Sudeste brasileiros.

Scientific name: Araucaria angustifolia (Bertol.) Kuntze
Botanical family: Araucariaceae

There are a number of names for this fruit: pinion, araucária or paraná pine. This species is so important that it is protected by law. It produces fruit during the winter months, and is popularly eaten during the June festivities in the South and Southeast of Brazil.

Pinha ou Araticum

Nome científico: *Annona squamosa* L.
Família botânica: Anonaceae

Nativa da América tropical, esta fruta que tem várias denominações de acordo com a região do País, pertence a uma grande e numerosa família botânica: as Anonáceas. Existem pinhas de diversos tamanhos. A polpa branca e doce que recobre as suas sementes é consumida ao natural.

Scientific name: Annona squamosa L.
Botanical family: Anonaceae

The sugar apple is native to tropical America and has several names, according to the region of the country. It belongs to the large and numerous Anonaceae botanical family. They come in different sizes. Its white and sweet pulp covers its seeds and is eaten in natura.

Mandacaru

Nome científico: *Cereus jamacaru DC.*
Família botânica: Cactaceae

Nas noites refrescantes do semi-árido nordestino é que esta flor se abre para ser polinizada por abelhas e morcegos. Os frutos – revestidos de espinhos – alimentam o homem, conforme as chuvas, durante o ano todo.

Scientific name: Cereus jamacaru *DC.*
Botanical family: Cactaceae

On the refreshing nights of the semi-arid region in the Northeast, this flower opens to be pollinated by bees and bats. The fruit – covered with spines – feeds human beings all year long, according to the rains.

Pitomba

Nome científico: *Talisia esculenta* (A. St. Hil.) Radlk.
Família botânica: Sapindaceae

Uma fruta 100% brasileira. É encontrada principalmente no Nordeste, nos Estados de Pernambuco e da Paraíba. A sua árvore atinge até 15 m de altura e produz cachos com cerca de 30 frutas cada. A pitomba possui uma ou duas sementes grandes recobertas por arilo comestível.

Scientific name: Talisia esculenta (A. St. Hil.) Radlk.
Botanical family: Sapindaceae

This fruit is 100% Brazilian, found mainly in the Northeast, in the States of Pernambuco and Paraíba. Its tree attains a height of 15 meters and produces bunches of around 30 fruits each. The pitomba has one or two large seeds covered with an edible aril.

Limão / *Lime*

Nome científico: *Citrus aurantifolia*
Swing var. galego
Família botânica: Rutaceae

De origem asiática, esta fruta ácida é
muito utilizada na culinária,
principalmente no preparo da famosa
"caipirinha brasileira", que leva limão
em pedaços socados, cachaça, açúcar e
gelo.

Scientific name: Citrus aurantifolia *Swing*
var. galego
Botanical family: Rutaceae

With its Asian origin, this acidic fruit is
commonly used in the kitchen, especially in
preparing the famous "Brazilian caipirinha",
that is made of crushed chunks of lemon,
sugarcane spirits, sugar and ice.

Café / Coffee
Nome científico: *Coffea arabica* L.
Família botânica: Rubiaceae

Scientific name: Coffea arabica L.
Botanical family: Rubiaceae

O café teve origem na África. Hoje, há mais de 100 variedades de café no mundo, o que torna possível a obtenção de diversos sabores, aromas e tipos de bebida. Símbolo da união de povos e raças, seus frutos passam da cor verde para vermelha ou amarela na fase de maturação.

Coffee originally came from Africa. Today, there are over 100 varieties of coffee in the world, which makes it possible to obtain a broad range of flavors, aromas e types of beverage. The fruit of this symbol of unity among peoples and races matures from green to red or yellow.

Uvaia

Nome científico: *Eugenia pyriformis* var. uvalha (Cambess.) D. Legrand
Família botânica: Myrtaceae

Árvore com até 5 m de altura, folhas pequenas e flores alvas. Fruta da Mata Atlântica, antigamente era encontrada nas casas da Avenida Paulista (São Paulo, SP). Hoje está espalhada por vários bairros de São Paulo e cidades do interior. É utilizada na fabricação de doces, licores e sorvetes.

Scientific name: Eugenia pyriformis var. uvalha (Cambess.) D. Legrand Botanical family: Myrtaceae

The tree is about 5 meters tall, with small leaves and white flowers. This fruit of the Atlantic Rain Forest once was found in the homes on Paulista Ave. (São Paulo, SP). Today, it is spread throughout several São Paulo districts and in cities of the interior of the State. It is used for sweets, liqueurs and ice cream.

Baru

Nome científico: *Dipteryx alata* Vogel
Família botânica: Fabaceae (Leguminosae Papilionoiideae)

Árvore de até 25 m de altura e com tronco que pode atingir até 80 cm de diâmetro. O baru produz estas belas amêndoas, que podem ser consumidas como pé-de-moleque, rapadura e paçoquinha, substituindo o amendoim nas receitas. É uma planta típica das matas e cerrados do Centro-Oeste brasileiro.

Scientific name: Dipteryx alata *Vogel*
Botanical family: Fabaceae (Leguminosae Papilionoiideae)

The tree grows to a height of 25 meters and its trunk can have a diameter of as much as 80 cm. The baru produces beautiful nuts that can be eaten like peanut brittle, brown sugar squares, and peanut squares, in the place of peanuts in those recipes. It is a typical plant found in the woods and savannahs of mid-western Brazil.

Abiu

Nome científico: *Pouteria caimito* (Ruiz & Pav.) Radlk.
Família botânica: Potaceae

Com árvore de até 10 m de altura, o abiu é uma fruta tropical, nativa da região amazônica próxima às encostas andinas do Peru e do oeste da parte amazônica brasileira. Nas demais regiões, como o litoral do País, e desde Pernambuco até o Rio de Janeiro, é muito cultivado nos quintais e pomares domésticos, não-comerciais.

Scientific name: Pouteria caimito (Ruiz & Pav.) Radlk.
Botanical family: Potaceae

With a tree growing as tall as 10 meters, the abiu is a tropical fruit that is native to the Amazon region, near the Andes slopes of Peru and the western part of the Brazilian Amazon. In other regions, like the coast of Brazil – from Pernambuco to Rio de Janeiro – it is popularly grown in home yards and non-commercial orchards.

Castanha-do-brasil ou Castanha-do-pará

Nome cientifico: *Bertholletia excelsa* Bonpl.
Família botânica: Lecythidaceae

Castanha-do-pará, castanha-do-acre, castanha-do-amazonas ou castanha-do-amapá, mais conhecida como castanha-do-brasil. A árvore desta fruta é uma das mais belas árvores da Floresta Amazônica, chegando a 50 m de altura e 3 m de diâmetro. A sua amêndoa é riquíssima em gorduras e proteínas.

Scientific name: Bertholletia excelsa *Bonpl.*
Botanical family: Lecythidaceae

Castanha-do-pará, castanha-do-acre, castanha-do-amazonas, castanha-do-amapá *are best known as* castanha-do-brasil (Brazil nut). *This fruit's tree is one of the most beautiful in the Amazon Rain Forest, growing as tall as 50 meters and with a 3-meter diameter. Its nut is very rich in fats and proteins.*

Guaraná

Nome científico: *Paultinia cupana* Kunth
Família botânica: Sapindaceae

Planta trepadeira ou arbustiva, dependendo do cultivo. Originária da região de Maués, Amazonas. Sua semente dura e negra é ralada ou prensada para obter o xarope empregado na fabricação de refrigerantes. Em novembro, acontece a "Festa do Guaraná" na cidade de Maués, às margens do Rio Amazonas.

Scientific name: Paultinia cupana *Kunth*
Botanical family: Sapindaceae

This can be a vine or a bush, depending on how it is cultivated. Originally from the Maués region of the Amazon. Its hard, black seed is grated or pressed to obtain the syrup used in making sodas. In November, the "Guaraná Festival" is held in the city of Maués, on the banks of the Amazon River.

Fruta-de-lobo

Nome científico: *Artocarpus incisa* L.
Família botânica: Moraceae

Arbusto com até 3 m de altura ou moitas, planta típica dos cerrados brasileiros, folhas com pilosidade e espinhos na parte inferior. Fruta de gosto ácido, sua polpa pode ser misturada a outras frutas para fazer doce de corte. Por ser o principal alimento do lobo-guará, ela tem este nome.

Scientific name: Artocarpus incisa L.
Botanical family: Moraceae

The bush or thicket grows to 3 meters tall and is typical of Brazil's savannahs. Its leaves are fuzzy and have thorns on the underside. The pulp has a sour, acid taste and can be mixed with other fruits to serve as pectin. It got its name (wolf fruit) because it is the main food of the guará wolf.

Bacuri / *Bacury*

Nome científico: *Platonia insignis* Mart.
Família botânica: Clusiaceae (Guttiferae)

Sua árvore tem aproximadamente 35 m de altura e, às vezes, até 2 m de diâmetro.
Espécie nativa da Amazônia, multiplica-se pela regeneração natural, formando brotações que resultam em bacurizais. A fruta não é colhida. Ela cai, quando madura, naturalmente da árvore. Aí, já está pronta para o consumo *in natura* ou em forma de doces, sorvetes, sucos, *mousses*, molhos para carnes e muito mais...

Scientific name: Platonia insignis *Mart.*
Botanical family: Clusiaceae (Guttiferae)

The tree is about 35 meters tall and can have a diameter of up to 2 meters.
The species is native to the Amazon, multiplies by natural regeneration and grows in clumps. The fruit is not harvested. It falls naturally from the tree, when ripe. Then it is ready for consumption in natura *or in the form of sweets, ice cream, juice,* mousse, *meat sauces, and much more.*

Palma

Nome científico: *Opuntia fícus-indica* (L.) Mill.
Família botânica: Cactaceae

Arbusto perene originário da América Central, composto por segmentos carnosos superpostos. Flores amarelas com 7 a 10 cm de diâmetro, seus frutos doces, tipo baga, requerem muito cuidado no seu manuseio por causa dos espinhos. É cultivado em toda região da caatinga brasileira por ser alimento importante na sobrevivência dos homens e animais.

Scientific name: Opuntia fícus-indica (L.) Mill.
Botanical family: Cactaceae

A perennial bush originally from Central America, it is formed by overlapping fleshy segments. Its yellow 7-10 cm flowers and sweet berry-like fruits require much care, when handling, because of their thorns. It is cultivated throughout the entire Brazilian caatinga region and is the main food for the survival of humans and animals.

Murici / *Muricy*

Nome científico: *Byrsonima crassifolia* (L). Rich
Família botânica: Malpighiaceae

Nas Regiões Norte, Nordeste e Centro-Oeste, esta fruta de coloração amarela apresenta muitas variedades e nomes: murici-do-campo, murici-da-mata, murici-rosa, murici-do-pará, murici-de-árvore, entre outros. Calcula-se que o gênero Byrsonima tenha mais de 200 espécies, a metade delas distribuída no Brasil.

*Scientific name: Byrsonima crassifolia (L). Rich
Botanical family: Malpighiaceae*

In the North, Northeast and Midwest regions, this yellow fruit comes in many varieties and names: murici-do-campo, murici-da-mata, murici-rosa, murici-do-pará, murici-de-árvore, *and others. It is calculated that the Byrsonima genus has over 200 species, half of which are in Brazil.*

Pindaíba

Nome científico: *Duguetia lanceolata* St. Hil.
Família botânica: Annonaceae

Árvore de origem brasileira, com até 20 m de altura, tem folhas sempre verdes e vistosas.
Da numerosa família das Anonáceas é a única fruta de cor vermelha cárnea, quando madura. A fruta é formada pelo agrupamento das sementes com pouca polpa comestível.

Scientific name: Duguetia lanceolata St. Hil.
Botanical family: Annonaceae

The leaves of this truly Brazilian tree, which reaches a height of 20 meters, are always green and lush. This is the only fruit of the extensive Annonaceae family, that is deep red when ripe. The fruit is formed by bunches of seeds surrounded by very little edible pulp.

Uva / Grape

Nome científico: *Vitis vinifera* L.
Família botânica: Vitaceae

Há, no Brasil, dezenas de variedades de uvas, adaptadas para diferentes climas e apropriadas ao consumo *in natura* e à fabricação de sucos e vinhos. Os maiores vinhedos estão localizados nas serras gaúchas, no Rio Grande do Sul; Petrolina, em Pernambuco; Juazeiro, na Bahia; e no Estado de São Paulo.

Scientific name: Vitis vinifera L.
Botanical family: Vitaceae

Brazil has dozens of varieties of grapes, adapted to different climates and appropriate for eating in natura *and for making juices and wines. The biggest vineyards are located in the Gaúcha highlands of Rio Grande do Sul; Petrolina, in Pernambuco; Juazeiro, in Bahia; and in the State of São Paulo.*

Bacaba

Nome científico:
Oenocarpus bacaba Mart.
Família botânica: *Palmae*

Trata-se de uma palmeira comum na Amazônia Central. É encontrada também na Amazônia Ocidental e Meridional, na Bacia do Orinoco e nas Guianas. Produz frutos para o "vinho de bacaba", que é saboreado com farinha de mandioca e outras misturas nas refeições, ou ainda como suco. Chega a substituir o açaí na entressafra.

Scientific name:
Oenocarpus bacaba *Mart.*
Botanical family: Palmae

This palm tree is common in the Central Amazon. It is also found in Western and Southern Amazon, in the Orinoco River basin and in the Guianas. It produces fruit for "bacaba wine", which is drunk with manioc meal and other mixtures at mealtimes, or as a juice. In between harvests, it substitutes açaí.

Lichia / *Litchi*

Nome científico: *Litchi chinensis* Sonn.
Família botânica: Sapindaceae

Árvore frondosa, de origem chinesa, com até 12 m de altura. A lichia requer muito frio para uma boa floração e muito calor para frutificação. No Brasil, sua intensa frutificação ocorre no verão, de novembro a janeiro. Atualmente, o Estado de São Paulo é o maior produtor.

Scientific name: Litchi chinensis *Sonn.*
Botanical family: Sapindaceae

Originally from China, the leafy tree grows to a height of 12 meters. Litchi needs a lot of cold weather in order to bloom well and lots of heat to bear fruit. In Brazil, its heavy fruitbearing comes in the summer, from November to January. The State of São Paulo is currently the biggest producer.

Umbu

Nome científico: *Spondias tuberosa* Arruda
Família botânica: Anacardiaceae

O umbuzeiro é uma árvore com até 6 m de altura, de copa larga, que perde as suas folhas no período das secas e que com as primeiras chuvas retoma o seu verde intenso. A sua fruta verde-amarela é muito importante para o homem, para os pássaros e demais animais do semi-árido brasileiro como alimentação.

Scientific name: Spondias tuberosa *Arruda*
Botanical family: Anacardiaceae

The umbu tree grows to a height of 6 meters, with a wide crown, and loses its leaves during the dry season, filling out with its intensely green leaves with the first rains. Its green and yellow fruit is a very important food for human beings, birds, and other animals of Brazil's semi-arid region.

Bacupari

Nome científico: *Rheedia gardneriana* Planch. & Triana
Família botânica: Clusiaceae (Guttiferae)

Fruta que surpreende a quem anda pela Mata Atlântica e por seus remanescentes nos meses de janeiro a março, pelo seu doce e único sabor. É encontrada no interior da mata, na beira de rios e de córregos.

Scientific name: Rheedia gardneriana *Planch. & Triana*
Botanical family: Clusiaceae (Guttiferae)

Those who hike through the Atlantic Rain Forest and its remnants are often amazed by this fruit's sweet and unique taste. It is found in the forest and on the banks of rivers and streams.

Maracujá / *Passion fruit*

Nome científico: *Passiflora* sp.
Família botânica: Passifloraceae

Scientific name: Passiflora sp.
Botanical family: Passifloraceae

No Brasil, há centenas de variedades que frutificam o ano inteiro. Todas elas apresentam uma bela e perfumada flor. O maracujá é conhecido como flor e fruta da paixão. Os mais comerciais são o *Passiflora edulis* azedo e o *Passiflora alata* doce. Suas flores são polinizadas sobretudo pelas mamangavas ou ainda manualmente.

In Brazil, there are hundreds of varieties that bear fruit all year long. All of them have a beautiful and aromatic flower. Passion fruit is known as maracujá, in Portuguese. The main commercial varieties are Passiflora edulis (for making juices) and Passiflora alata (for eating in natural). Its flower are pollinated, especially by bumblebees or by hand.

Lima-da-pérsia /
Bitter orange

Nome científico:
Citrus aurantium subsp.
bergamia(Risso)
Wight & Arn.
Família botânica:
Rutaceae

Fruta com sabor e aroma
muito característicos, a
lima-da-pérsia é
encontrada nas feiras e
mercados o ano todo.
Árvore muito comum nos
quintais, pomares e em
cultivos comerciais.

Scientific name: Citrus
aurantium *subsp. bergamia
(Risso) Wight & Arn.
Botanical family: Rutaceae*

*With its very characteristic
flavor and aroma, the bitter
orange is found in the street
markets and supermarkets
all year round. It is common
to find the tree in yards,
orchards and commercial
farms.*

Romã / *Pomegranate*

Nome científico:
Punica granatum L.
Família botânica:
Rosaceae

É um arbusto de origem mediterrânea que pode ser encontrado em quase todas as regiões do Brasil. A romã é muito consumida nos primeiros dias do ano para "trazer sorte". A planta é utilizada para fins ornamentais em jardins, praças e parques, e também para fins terapêuticos na medicina popular.

Scientific name: Punica granatum L.
Botanical family: Rosaceae

Coming from the Mediterranean, this bush can be found in almost all of the regions of Brazil. The pomegranate is popularly eaten during the first days of the new year to bring "good luck". The plant is used ornamentally in gardens, public squares and parks, and also for therapeutic purposes in folk medicine.

Banana

Nome científico: *Musa paradisiaca* L.
Família botânica: Musaseae

Procedente da Ásia, a banana é um dos alimentos mais importantes do mundo. Com a banana verde, fabrica-se uma farinha muito nutritiva, utilizada no preparo de mingaus e biscoitos. Quando madura, o amido da banana transforma-se em açúcar, glicose e sacarose, o que a torna uma das frutas mais doces. O Brasil é um grande produtor mundial de bananas e conta com inúmeras variedades: banana-prata, banana-maçã, banana-ouro, banana-nanica, banana-roxa etc.

Scientific name: Musa paradisiaca L.
Botanical family: Musaseae

The banana comes from Asia and is one of the most important foods in the world. With the green banana, a very nutritious flour can be made and used to prepare porridges and cookies. When ripe, the banana starch can be transformed into sugar, glucose and sucrose, making it one of the sweetest fruits. Brazil is a large world producer of bananas and has a number of varieties.

Serigüela

Nome científico: *Spondias purpurea* L.
Família botânica: Anacardiaceae

Originária da América do Sul e América Central, as serigüelas dão cheiro e colorido especial às feiras livres, mercados e praias do Nordeste brasileiro, especialmente na cidade do Recife, capital de Pernambuco.

Scientific name: Spondias purpurea L.
Botanical family: Anacardiaceae

Originating in South and Central America, the red mombin gives a special smell and touch of color in the street markets, supermarkets and beaches of the Brazilian Northeast, especially in the city of Recife, the capital of Pernambuco.

Graviola

Nome científico: *Anona muricata* L.
Família botânica: Annonaceae

Árvore com até 12 m de altura, flores grandes e vistosas. Suas frutas pesam de 1 a 4 kg e possuem poucas sementes e muita polpa. Pode produzir frutas o ano todo, em áreas irrigadas, como nas regiões do Rio São Francisco. Seus falsos espinhos (acúleos) vão se distanciando à medida que a fruta vai ficando madura.

Scientific name: Anona muricata L.
Botanical family: Annonaceae

The tree grows to as much as 12 meters high, and its flowers a large and full. Its fruits weigh from 1 to 4 kg, with few seeds and a lot of pulp. It can produce all year long in irrigated areas, like around the São Francisco River. Its false thorns (aculeus) spread apart as the fruit ripens.

Kinkan

Nome científico: *Fortunella japonica* (Thunb.) Swingle
Família botânica: Rutaceae

É de origem chinesa e chega a até 6 m de altura. Suas folhas são pequenas e suas frutas são produzidas em grande quantidade no inverno, alcançam de 4 a 5 cm de diâmetro. Geralmente, é consumida com casca e tudo ou aproveitada para fazer doces em calda, doces cristalizados e licores.

Scientific name: Fortunella japonica *(Thunb.) Swingle*
Botanical family: Rutaceae

Originally from China, it grows to a height of 6 meters. Its leaves are small and its fruit is produced heavily during the winter. The fruit has a diameter of 4-5 centimeters and us usually eaten with peel and all, or used to make sweets in a syrup, candied sweets, and liqueurs.

Jerivá

Nome científico:
Syagrus romanzoffiana
(Cham.) Becc.
Família botânica:
Palmaceae

Bela palmeira das Regiões
Sul e Sudeste com até 30 m
de altura, floresce e
frutifica quase o ano
inteiro. Cada cacho de
jerivá chega a produzir
mais de 300 coquinhos. Por
sua beleza, durabilidade e
facilidade de propagação, é
uma das plantas mais
utilizadas na arborização
urbana.

Scientific name: Syagrus
romanzoffiana (Cham.)
Becc.
Botanical family: Palmaceae

This beautiful palm tree
found in the South and
Southeast regions can reach a
height of 30 meters, and it
produces blooms and fruit
nearly all year long. Each
jerivá bunch can produce
over 300 tiny coconuts.
Because of its beauty,
durability and easy
propagation, it is one of the
most frequently used plants in
urban settings.

Abacaxi / *Pineapple*

Nome científico: *Ananas comosus*
(L.) Merril.
Família botânica: Bromeliaceae

Nativo da América tropical, o
abacaxi tem muitas variedades.
Fruta típica de clima tropical, as
mais saborosas e doces são aquelas
cultivadas no Norte e Nordeste do
País porque recebem sol intenso,
tão importante em seu período de
crescimento.

Scientific name: Ananas comosus
(L.) Merril.
Botanical family: Bromeliaceae

*With is tropical American origin, the
pineapple is a tropical fruit. There
are many varieties. The best tasting
and sweetest are cultivated in the
North and Northeast of the country,
because they get intense sunlight,
which is so important during their
growth period. Each plant produces a
single fruit, and can be eaten* in
natura *or processed industrially.*

Feijoa

Nome científico: *Feijoa sellowiana* (O. Berg) O. Berg
Família botânica: Myrtaceae

A fruta é redonda ou oval, rugosa, de casca verde. O sabor é doce e ácido, parecido com o da goiaba. Além da fruta, as pétalas da sua bela flor são comestíveis. A feijoa é mais conhecida em outros países do que no Brasil, sua terra nativa.

Scientific name: Feijoa sellowiana (O. Berg) O. Berg
Botanical family: Myrtaceae

The fruit is round or oval, wrinkled, and has a green husk. Its sweet and acidic taste is similar to the guava. Besides the fruit, the petals of its beautiful flower are also edible. The feijoa is best know in other countries than its native Brazil.

Cabeludinha

Nome científico: *Eugenia tomentosa* Aubl.
Família botânica: Myrtaceae

Sua árvore ou arbusto cresce de forma esparramada, com os galhos quase encostando no chão. Tem folhas pilosas na parte inferior e flores pequenas e aromáticas. A sua fruta é adocicada, com muita pilosidade, e é rica em vitamina C.

Scientific name: Eugenia tomentosa *Aubl.*
Botanical family: Myrtaceae

The tree or bush grows in a spread out fashion, with its branches almost touching the ground. Its leaves are hairy on the underside and have small aromatic flowers. The fruit is sweet, very spiny and rich in vitamin C.

Mamão / *Papaya*

Nome científico: *Carica papaya* L.
Família botânica: Caricaceae

O mamão originou-se, provavelmente, na região entre noroeste da América do Sul e sul do México. Produz um látex que contém uma substância chamada papaína, com propriedades digestivas e medicinais. A papaína é também muito usada na culinária – para amaciar carnes – e na indústria de cervejas, laticínios, de couro e de chicletes. É uma fruta que agrada a todos, verde ou maduro, em pratos doces ou salgados.

Scientific name: Carica papaya L.
Botanical family: Caricaceae

The papaya probably comes from the northwestern South American and southern Mexico. It produces a latex that contains a substance called papain, which has digestive and medicinal properties. Papain is also frequently used in cooking – to tenderize meats – and in making beer, dairy products, leather and chewing gum. Everyone likes the fruit, whether green or ripe, in sweet or salty dishes.

Pitanga

Nome científico: *Eugenia uniflora* L.
Família botânica: Myrtaceae

A pitangueira produz frutos em abundância. A forma e a cor da pitanga impressionam por sua beleza. Genuinamente nacional, está em toda parte, frutificando de outubro a janeiro. Da sua polpa, obtêm-se sucos, sorvetes, licores, geléias e doces.

Scientific name: Eugenia uniflora *L.*
Botanical family: Myrtaceae

This tree produces abundant fruit. The shape and color of the pitanga are amazingly beautiful. It is genuinely a national fruit, found everywhere, and bears fruit from October to January. Juice, ice cream, liqueur, jelly and sweets are obtained from its pulp.

Mama-cadela

Nome científico: *Brosimum gaudichaudii* Tréc.
Família botânica: Moraceae

Arbusto típico dos cerrados do Centro-Oeste brasileiro, com nomes populares de mamica-de-cadela, irerê, algodãozinho, algodão-doce. Fruta pequena que frutifica após as primeiras chuvas de verão, a mama-cadela é muito apreciada pelas populações locais. A sua polpa é viscosa e é consumida *in natura*.

Scientific name: Brosimum gaudichaudii *Tréc.*
Botanical family: Moraceae

This bush is typical of Brazil's Midwestern savannahs, with such popular Portuguese names as mamica-de-cadela, irerê, algodãozinho, *and* algodão-doce. *The small fruit is borne after the first summer rains and it is very popular with local inhabitants. Its pulp is viscous and eaten* in natura.

Jaca

Nome científico:
Artocarpus integrifolia L.
Família botânica:
Moraceae

A jaca é originária da Malásia e da Índia e foi trazida para o Brasil pelos portugueses. Sua árvore é bonita, frondosa e tem aproximadamente 20 m de altura. Esta espécie se disseminou por quase todo o País, com predominância nos Estados do Nordeste. Seu fruto é enorme, muito cheiroso e carnudo.

Scientific name:
Artocarpus integrifolia L.
Botanical family:
Moraceae

This relative of the bread-fruit comes from Malaysia and India, brought to Brazil by the Portuguese. Its tree is beautiful and leafy and is about 20 meters tall. The species has spread throughout almost the entire country, but predominantly in the States of the Northeast region. Its fruit is enormous and meaty and has a heavy aroma.

Goiaba / *Guava*

Nome científico: *Psidium guajava* L.
Família botânica: Myrtaceae

A goiabeira é nativa da América tropical, principalmente do Brasil e das Antilhas. Uma das frutas mais populares e apreciadas pelos brasileiros, as folhas e a goiaba são também muito utilizadas na medicina popular.

Scientific name: Psidium guajava L.
Botanical family: Myrtaceae

The guava tree is native to tropical America, mainly from Brazil to the Antilles. It is one of the most popular fruits with Brazilians and its leaves and fruit are also often used in folk medicine.

Castanha portuguesa / *Portuguese chestnut*

Nome científico: *Castanea sativa* Mill.
Família botânica: Fagaceae

Proveniente da Europa, a sua árvore pode atingir até 30 m de altura. As castanhas são protegidas por uma cápsula de espinhos finos e pontiagudos. Elas são muito consumidas no Brasil nas festas de fim de ano, como composição para pratos salgados ou tira-gosto.

Scientific name: Castanea sativa Mill.
Botanical family: Fagaceae

Originating in Europe, the tree can be as tall as 30 meters. The nuts are protected by a pod covered with thin sharp spines. They are popularly eaten in Brazil during the festivities at the end of the year, in salty dishes or as finger foods.

Manga / *Mango*

Nome científico: *Mangifera indica* L.
Família botânica: Anacardiaceae

Veio da Índia e espalhou-se por todo
o Brasil. Possui inúmeras variedades
que conquistaram os mais diversos
paladares. Tornou-se tão popular que
a sua árvore até virou nome de escola
de samba no Rio de Janeiro,
Mangueira. Em Belém do Pará, é a
principal espécie utilizada na
arborização urbana.

Scientific name: Mangifera indica L.
Botanical family: Anacardiaceae

It came from India and spread all over
Brazil. There are numerous varieties
that appeal to a broad range of taste
preferences. The fruit is so popular that
its tree became the name of a samba
club in Rio de Janeiro: Mangueira. In
Belém, Pará, it is the main type of tree
on the urban landscape.

Melão / *Melon*

Nome científico: *Cucumis melo* L.
Família botânica: Cucurbitaceae

O melão veio da Ásia e da África. O Vale do Rio Açu, no semi-árido
brasileiro, Rio Grande do Norte, é o maior produtor e exportador de
melões do Brasil. Dentre suas variedades destacam-se: mossoró,
cantaloupe, valenciano amarelo, valenciano verde, pele-de-sapo e gália.

Scientific name: Cucumis melo L.
Botanical family: Cucurbitaceae

*Melons came from Asia and Africa. The Açu River Valley, in Brazil's
semi-arid region of the State of Rio Grande do Norte, is Brazil's biggest
melon producer and exporter. Among its varieties are:* mossoró, cantaloupe,
valenciano amarelo, valenciano verde, pele-de-sapo, *and* gália.

Morango / *Strawberry*

Nome científico: *Fragaria vesca L.*
Família botânica: Rosaceae

Cada ponto do morango é um fruto formando uma infrutescência. É uma fruta que apresenta muitas variedades e que requer muito cuidado no cultivo. Sua produção vai de maio a setembro nos Estados de Minas Gerais, São Paulo, Paraná, Rio Grande do Sul, Santa Catarina, Rio de Janeiro e Espírito Santo.

Scientific name: Fragaria vesca L.
Botanical family: Rosaceae

Each strawberry tip forms an infructescence. This fruit comes in many varieties and requires much care for its cultivation. The plant gives fruit from May to September in the States of Minas Gerais, São Paulo, Paraná, Rio Grande do Sul, Santa Catarina, Rio de Janeiro, and Espírito Santo.

Jabuticaba branca

Nome científico:
Myrciaria aureana Mattos
Família botânica:
Myrtaceae

Árvore nativa da Mata
Atlântica – Vale do
Paraíba, São Paulo –, é
uma espécie
frutífera em extinção no
Brasil. Sua fruta, que
continua verde mesmo
quando madura,
é de um sabor muito
peculiar.

Scientific name:
Myrciaria aureana
Mattos
Botanical family:
Myrtaceae

The tree is native to the
Atlantic Rain Forest – the
Paraíba Valley, in the
State of São Paulo – and
is one of the country's
endangered fruit species.
Its fruit remains green,
when ripe, and has a very
unique taste.

Jabuticaba

Nome científico: *Myrciaria cauliflora* (Mart.) O. Berg
Família botânica: Myrtaceae

Tipicamente brasileira, esta fruta intriga os visitantes estrangeiros por sua forma *sui generis* de crescer grudada ao tronco e em todos os galhos da árvore, às vezes, até nas raízes.

Scientific name: Myrciaria cauliflora (*Mart.*) *O. Berg*
Botanical family: Myrtaceae

This typically Brazilian fruit intrigues foreign visitors, due to its unique way of growing straight on the trunk and on all of the branches of the tree – and, sometimes, even on the roots.

Cajá-manga ou Cajarana

Nome científico: *Spondias dulcis*
Parkinson
Família botânica:
Anacardiaceae

Das Ilhas do Pacífico para as Regiões Norte e Nordeste do Brasil, a árvore do cajá-manga se fixou abundantemente com seus quase 10 m de altura e folhas compostas que mudam de tonalidade entre o outono e o inverno. Sua polpa comestível e aromática é muito apreciada.

Scientific name: Spondias dulcis
Parkinson
Botanical family: Anacardiaceae

Coming from the Islands of the Pacific to the North and Northeast regions of Brazil, the cajá-manga tree has widely established itself, growing to a height of nearly 10 meters and having composite leaves change color between autumn and winter. Its edible and aromatic pulp is very popular.

Pupunha

Nome científico: *Bactris gasipaes* Kunth
Família botânica: Arecaceae (Palmae)

A palmeira da pupunha forma touceiras facilitando sua reprodução. Da extremidade do caule tira-se o palmito, que pode ser servido in *natura* na salada ou como *carpaccio* ou ainda assado ou cozido. Seus frutos – os coquinhos – são bastante apreciados quando cozidos em água e sal. Após a cozedura, eles são consumidos puros ou com diversos acompanhamentos, tais como mel e café. São também utilizados na fabricação de farinha.

Scientific name: Bactris gasipaes *Kunth*
Botanical family: Arecaceae (Palmae)

The pupunha *palm tree forms clumps of trees, facilitating its reproductive process. From the tip of the stem is taken palm heart, which can be served* in natura *in a salad, as* carpaccio, *or baked or cooked. Its tiny coconut fruits are very popular when cooked in water and salt. After cooking them, they are eaten plain or accompanied by honey and coffee. They are also used to make flour.*

Tangerina / *Tangerine*

Nome científico: *Citrus reticulata* Blanco var. cleópatra
Famíla botânica: Rutaceae

Mexerica, bergamota, murcote, tangerina-cravo, mexerica-do-rio, ponkã são algumas das variedades desta deliciosa fruta. A família Rutaceae, da tangerina, engloba mais de 900 espécies diferentes.

Scientific name: Citrus reticulata *Blanco var. cleópatra*
Botanical family: Rutaceae

Mexerica, bergamota, murcote, tangerina-cravo, mexerica-do-rio, *and* ponkã *are some of the varieties of this delicious fruit. The Rutaceae family includes over 900 different species.*

Cajá ou Taperebá

Nome científico: *Spondias lutea* L.
Família botânica: Anacardiaceae

No Nordeste, cajá; no Norte, taperebá. Com qualquer uma das denominações, o cheiro, o gosto, o sucesso na culinária, na poesia e na música popular brasileira são os mesmos. A sua colheita vai de janeiro a maio. Com a sua polpa, são preparados sucos, sorvetes, vinhos, licores e doces.

Scientific name: Spondias lutea L.
Botanical family: Anacardiaceae

In the Northeast, it is called cajá; in the North, taperebá. No matter the name, its smell, taste, and culinary, poetic and Brazilian folk music success are all the same. It is harvested from January to May. Juice, ice cream, wine, liqueur and sweets are made from its pulp.

Caqui

Nome científico:
Diospyros kaki L.
Família botânica:
Ebenaceae

Scientific name:
Diospyros kaki L.
Botanical family:
Ebenaceae

Do outono para o verão, verifica-se uma grande produção desta fruta asiática, principalmente nos Estados de São Paulo, Paraná, Rio Grande do Sul e nas regiões altas de Minas Gerais e Espírito Santo. No Japão, estão catalogadas mais de 800 variedades. No Brasil, há os tipos adstringentes que são comestíveis apenas quando bem maduros, moles e vermelhos como o Rama Forte; ou crocantes e doces como Fuyu; ou que ainda necessitam de tratamento para neutralizar o tanino antes de serem consumidos como Guiombo.

This Asian fruit heavily produces from autumn on into the summer, mainly in the States of São Paulo, Paraná, Rio Grande do Sul, and the highlands of Minas Gerais and Espírito Santo. Over 800 varieties have been catalogued in Japan. In Brazil, there are the astringent types that are edible only when very ripe, soft and red, like the Rama Forte; *or crunchy and sweet, like* Fuyu; *or still needing processing, in order to neutralize the tannin before being eaten, like* Guiombo.

Buriti ou Miriti / *Burity or Mauritia Palm*

Nome científico:
Mauritia flexuosa L. f.
Família botânica:
Arecaceae (Palmae)

Com altura variando entre 25 e 30 m, é uma das mais importantes palmeiras brasileiras. Está presente em todo o cerrado brasileiro, mas também pode ser encontrada na região amazônica e no Nordeste. É considerada a "árvore da vida" pelos índios Krahô devido ao aproveitamento de tudo que ela produz.

Scientific name: Mauritia flexuosa L. f.
Botanical family: Arecaceae (Palmae)

With a height of 25 to 30 meters, it is one of Brazil's most important palm trees. It can be found throughout the savannahs, as well as in the Amazon region and the Northeast. It is called the "tree of life" by the Krahô Indians, because everything it produces can be used.

Importante fonte alimentar para a população amazônica, a seiva do tronco do buriti é rica em açúcar. Por meio de um furo no tronco, é possível obter de 8 a 10 litros da seiva, com alto teor de sacarose, por árvore.

The sap of the burity palm is an important food source for Amazon residents and is rich in sugar. Through a perforation in the trunk, it is possible to obtain 8 to 10 liters of sap from each tree, with a high sucrose content.

Carambola

Nome científico:
Averrhoa carambola L.
Família botânica:
Oxalidaceae

Veio da Ásia. Com árvore de até 8 m de altura e pequenas flores púrpuras, a carambola pode apresentar sabor doce ou azedo. Fartamente utilizada na culinária brasileira, serve como decoração em pratos de saladas, cortadas em formato de estrelas.

Scientific name:
Averrhoa carambola L.
Botanical family:
Oxalidaceae

With a tree growing to as much as 8 meters in height, with small purple flowers, this Asian fruit can be either sweet or sour. The fruit is widely used in Brazilian cuisine and decorates salad dishes, cut in the shape of stars.

Tamarindo / *Tamarind*

Nome científico: *Tamarindus indica* L.
Família botânica: Fabaceae (Leguminosae-Mimosoideae)

De procedência africana, sua árvore é frondosa, de grande porte, ultrapassando 30 m de altura e de copa larga. Foi introduzida no Brasil no início do século XVII. Seu fruto é uma vagem de 5 a 10 cm de comprimento. De sabor ácido, sua polpa é utilizada em sorvetes, batidas e sucos. As suas sementes são usadas como forragem para animais e, processadas, servem como estabilizantes de sucos e alimentos industrializados.

Scientific name: Tamarindus indica L.
Botanical family: Fabaceae (Leguminosae-Mimosoideae)

The large, leafy tree originally came from Africa. It has a broad crown and grows to over 30 meters tall. The fruit was introduced in Brazil at the beginning of the 17th century. It has a pod 5 to 10 cm long, an sour (acidic) taste, and its pulp is used for making ice cream, daiquiris and juice. Its seeds are used as animal feed and, when processed, can be used to stabilize industrialized juices and foods.

Cacau / *Cacao*

Nome científico: *Theobroma cacao* L.
Família botânica: Sterculiaceae

O cacau é originário da Amazônia e pode ser encontrado em estado nativo ou cultivado em diversos países da América do Sul e Central. Além da indústria alimentícia, a manteiga e o óleo extraídos das amêndoas do cacau são largamente empregados na indústria farmacêutica e cosmética.

Scientific name: Theobroma cacao L.
Botanical family: Sterculiaceae

Cacao originated in the Amazon and can be found in native or cultivate form in several South and Central American countries. Besides the food industry, the butter and oil extracted from the cocoa beans are widely used in the pharmaceutical and cosmetics industries.

Babaçu

Nome científico: *Attalea speciosa* Mart. ex Spreng.
Família botânica: Palmae

O babaçu é uma palmeira nativa das Regiões Norte e Nordeste do Brasil. Sua maior ocorrência é no Estado do Maranhão, que tem um quarto do seu território ocupado por essa planta. Trata-se de uma espécie multifuncional que fornece 68 subprodutos, entre eles: biodiesel, óleo de cozinha, margarina, sabonetes, ração de gado, cosméticos, asfalto, carvão vegetal, celulose para a industrialização do papel, bronzeadores etc.

Scientific name: Attalea speciosa Mart. ex Spreng.
Botanical family: Palmae

The babaçu palm is native to Brazil's North and Northeast regions. Its greatest concentration is in the State of Maranhão, where one-fourth of its territory is covered by this plant. It is a multifunctional species that provides 68 byproducts, including: biodiesel, cooking oil, margarine, soap, cattle feed, cosmetics, asphalt, charcoal, cellulose for paper, suntan lotion, etc.

Camu-camu

Nome científico: *Myrciaria dubia* (Kunth) Mc Vaugh
Família botânica: Myrtaceae

Arbusto com 4 m de altura, facilmente encontrado nos igarapés e áreas inundadas periodicamente. Sua frutificação ocorre nos meses de janeiro a março e sua polpa ácida contém mais vitamina C que a acerola. Está presente em quase toda a região amazônica.

Scientific name: Myrciaria dubia (Kunth) Mc Vaugh
Botanical family: Myrtaceae

The bush averages 4 meters tall and is easy to find, periodically, in the channels and flooded areas, bearing fruit from January to March. Its acidic pulp has more vitamin C than the acerola and it is present in nearly the entire Amazon region.

Cherimólia

Nome científico: *Annona cherimola* Mill.
Família botânica: Annonaceae

Árvore pequena que tem origem nos Andes. Suas frutas chegam a pesar, em média, 300 g de deliciosa massa comestível e com diversos usos culinários.

Scientific name: Annona cherimola *Mill.*
Botanical family: Annonaceae

This small tree came from the Andes. Its fruit weighs 300 grams, on the average, with a delicious, edible pulp and several culinary uses.

Maçã / *Apple*

Nome científico: *Pyrus malus* L.
Família botânica: Rosaceae

O Estado de Santa Catarina, no Sul do Brasil, é o maior produtor e exportador de maçãs. A região é ideal para o seu cultivo devido às baixas temperaturas registradas no inverno.

Scientific name: Pyrus malus L.
Botanical family: Rosaceae

The State of Santa Catarina, in southern Brazil, is the biggest apple producer and exporter. The region is ideal because of its low winter temperatures.

Bibliografia / Bibliography

BONAVENTURE, L. A. *Cultura da Cherimóia e de seu Híbrido a Atemóia*.
São Paulo: Nobel 1999.

CASCUDO, J. da C. *História da Alimentação no Brasil*. Belo Horizonte/São Paulo: Itatiaia/Edusp, 1983 - 2 Volumes.

CAVALCANTE, P. B. *Frutas Comestíveis da Amazônia*. Belém: Edição Museu Paraense Emílio Goeldi, 1972 – 3 Volumes.

MAIA, J. G. S. *Plantas Aromáticas na Amazônia e seus Óleos Essenciais*/ José Guilherme S. Maia, Maria das Graças B. Zoghbi, Eloísa Helena A. Andrade, Belém: Museu Paraense Emílio Goeldi, 2000.

SILVA, S. *Frutas Brasil Frutas*. Texto de Hernani Donato. São Paulo: Empresa das Artes. 1991

SILVA, S. *Frutas no Brasil*, Texto Helena Tassara. São Paulo: Empresa das Artes1996.

SILVA, S. e TASSARA, H. *Frutas Brasil Frutas*. São Paulo: Empresa das Artes, 2005.

VILLACHICA, H. *Frutales y Hortalizas Promissorios de la Amazônia*. Lima: Tratato de Cooperación Amazónica/ Secretaria Pro Tempore/Oficina Regional de la Fao para América Latina y el Caribe. 1996.

MOTA, M. O. *Cajueiro Nordestino*. Recife: Fundação de Cultura Cidade do Recife, 1982.

GOMES, R. P. *Fruticultura Brasileira* São Paulo: Nobel, 1982.

Dados do autor
About the author

Fotógrafo e autor das legendas

Mineiro de nascimento, o jornalista Silveste Silva atua como repórter fotográfico há trinta anos. Na primeira fase da carreira, em São Paulo, trabalhou em alguns dos principais veículos da imprensa brasileira. Desde 1982 dedica-se a projetos especiais de pesquisa e documentação fotográfica na área de botânica, por todo o Brasil.

Ao longo desses anos, difundiu em fotos, no País e no exterior, o seu incansável trabalho de documentação da flora brasileira, ilustrando ou sendo tema de inúmeras reportagens publicadas ou exibidas em revistas, jornais, rádios e televisão, tendo recebido vários prêmios.

Sua obra foi apreciada em diversas exposições individuais e coletivas, algumas internacionais. É autor dos livros *Frutas Brasil Frutas*; *Frutas no Brasil*; *Flores do Alimento*; *Cachaça: Uma Alegre História Brasileira*; e *Raso da Catarina*. Co-autor do livro *Berços da Vida - Ninhos de Aves Brasileiras*.

Fotografias de sua autoria foram publicadas em mais de 1.200 livros. Como consultor, participou de onze documentários para televisão (TVE-Brasil/Superfilmes/1997), dedicados à informação cultural sobre frutas brasileiras das Regiões Norte e Nordeste.

Como resultado acumulado do seu trabalho possui hoje, devidamente catalogado, um acervo raro de imagens de espécies e ambientes da flora brasileira, freqüentemente solicitado por publicações em várias línguas e instituições de ensino e pesquisa nacionais e internacionais.

Photographer and author

A native son of the State of Minas Gerais, journalist Silveste Silva has been photographic reporter for 30 years. During the first phase of his career, in São Paulo, he worked with some of Brazil's main news publications. Since 1982, he has focused on special research and documentary photographic projects in the area of botany throughout Brazil.

During these years, he has exhibited the photographs of his untiring work of documenting Brazilian flora, in Brazil and abroad, by writing about them or illustrating numerous articles published in magazines and newspapers, or on radio and TV, while accumulating a number of awards.

His work has been enjoyed in several individual and collective exhibits, some of which were international. He is the author of the books Frutas Brasil Frutas; Frutas no Brasil; Flores do Alimento; Cachaça: Uma Alegre História Brasileira; *and,* Raso da Catarina. *He has also coauthored the book* Berços da Vida - Ninhos de Aves Brasileiras.

His photographs have been published in over 1,200 books. As a consultant, he has participated in eleven TV documentaries (TVE-Brasil/Superfilmes/1997) that focused on cultural information regarding Brazilian fruits in the North and Northeast regions.

The result of his work is a rare and duly catalogued collection of images of species and environments of Brazilian flora, which are often requested for publications in several languages and by Brazilian and international educational and research institutions.

www.silvestresilva.com.br
frutas@silvestresilva.com.br

Impresso em São Paulo, SP, em fevereiro de 2006, nas oficinas da Lis Gráfica
em papel cuchê fosco 150g/m². Composto em Goudy, corpo 12 pt.

Não encontrando este título nas livrarias,
solicite-o diretamente à editora.

Escrituras Editora e Distribuidora de Livros Ltda.
Rua Maestro Callia, 123 – Vila Mariana – 04012-100 – São Paulo – SP
Tel./fax: (11) 5082-4190 – http://www.escrituras.com.br
escrituras@escrituras.com.br (administrativo)
vendas@escrituras.com.br (vendas)
arte@escrituras.com.br (arte)